# LE CENTENAIRE

DE

# JEAN-GEORGES SCHUPP

1781 — 4 février — 1881

Recueil des articles de journaux et des poésies parus

*publié au nom de la Famille*

et au profit de l'Institut des pauvres de Mulhouse

MULHOUSE
Imprimerie Brustlein & Cᵉ
1881

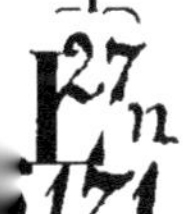

# LE CENTENAIRE

DE

# JEAN-GEORGES SCHUPP

Il a été tiré de ce recueil 50 exemplaires de luxe numérotés, sur papier de Hollande, au prix de fr. 5.—

# LE CENTENAIRE

DE

# JEAN-GEORGES SCHUPP

1781 — 4 février — 1881



Recueil des articles de journaux et des poésies parus

*publié au nom de la Famille*

et au profit de l'Institut des pauvres de Mulhouse

MULHOUSE
Imprimerie Brustlein & C^e

1881

# INTRODUCTION

Il vient d'être célébré à Mulhouse une fête aussi rare que touchante, c'est-à dire le centenaire de notre concitoyen, M. Jean-Georges Schupp. Né le 4 février 1781, cet homme, aimé et estimé entre tous, jouit encore, à l'heure qu'il est, d'une santé parfaite et de toutes ses facultés.

Le *Bürgerbuch* de feu N. Ehrsam nous apprend que ses parents ont été admis à domicile dans notre cité, comme *Schirmsverwandte* (*), en 1780. Son père, Jean-Jacques Schupp, s'était marié deux fois, et avait eu plusieurs enfants des deux lits. Jean-Georges est du second lit. A l'âge de cinq ans, peu s'en fallut qu'il ne mourût d'accident. La chose est assez curieuse pour que nous la racontions ici, et nous ajouterons que nous tenons le récit de la bouche même du centenaire.

Disons d'abord que la maison où il est né existe toujours, c'est celle qu'on appelle encore aujourd'hui *A la Pomme d'Or*, formant le coin de la rue des Tanneurs et de l'impasse des Bœufs, et dont le rez-de-

---

(*) On appelait dans le temps *Schirmsverwandte* ou *Hintersæss* les personnes admises à domicile qui, n'étant pas reçues bourgeois, jouissaient cependant de la protection de la ville. Voici l'extrait même du « Bürgerbuch » f° 436 :

« SCHUPP, Joh. Jacob, von Lœrrach, angenommen 1780 ; seine Ehefrau war Susanna Walther von hier. »

chaussée était occupé à cette époque par l'auberge du même nom. Le petit Georges pouvait avoir de quatre à cinq ans, lorsqu'un jour il reçut une paire de bottes. Elles étaient hautes, et l'enfant, quoique vêtu des jupes de son âge, éprouvait un grand plaisir à patauger avec elles dans les ruisseaux qui passaient devant la maison paternelle. L'eau entrait par le haut des bottes, mais peu importait, il n'en avait souci : on riait, on se mouillait, mais on était heureux. Le Stadtbächlein passait à quelques pas de là. Aujourd'hui, cette rigole est couverte et le trottoir marque seul l'endroit où elle coulait alors à ciel découvert. Le petit Georges s'en approche, puise de l'eau et la passe à ses camarades. Nouveaux éclats de rire et grande joie qui sont brusquement coupés par le bruit sourd d'un corps tombant à l'eau. C'était notre petit homme aux grandes bottes qui venait de tomber dans le Stadtbächlein, assez fort et rapide en ce moment, par suite de grandes pluies, pour l'entraîner vers le pont sous lequel il allait se noyer infailliblement. Mais la domestique de M. J. J. Schlumberger, grand-prévôt d'Illzach, qui habitait en face, dans la maison appartenant maintenant à M. Samuel Meyer, voit tomber l'enfant, se précipite à son secours et est assez heureuse pour le retirer sain et sauf, quoique tout trempé.

Georges Schupp avait dix-sept ans quand Mulhouse se donna librement à la République française, sa sœur aînée. Le centenaire en a gardé un vif souvenir, et il faut l'entendre parler de cette époque de luttes, de gloires et de désastres. Il se souvient fort bien des détails de la fête du 15 Mars 1798, du cortège officiel traversant la rue du Sauvage pour se rendre à l'hôtel-de-ville, et il a dansé le soir, comme les autres jeunes gens, autour de l'arbre de la Liberté. Le premier Empire lui enleva quelques-uns de ses frères dont l'un fut tué à Leipzig, un autre mourut à l'hôpital de Strasbourg des suites d'une blessure. Jean-Georges, trop âgé déjà pour être appelé dans l'armée active, fit partie des colonnes mobiles qui, dans chaque département, escortaient alors les prisonniers de passage, et maintes aventures et surprises de ces temps agités et sanglants lui sont restées dans la mémoire.

Cependant, vers la fin du siècle dernier, Georges Schupp quitta Mulhouse pour entreprendre son voyage de compagnonnage, en qualité d'horloger. C'était alors la coutume que tous les jeunes Mulhousiens allassent au loin apprendre chez les voisins ce qui pouvait compléter leurs connaissances. Il resta un an à La Chaux-de-Fonds, ville déjà renommée pour ses horlogeries, après quoi il revint à Mulhouse et s'y fixa. Le métier d'horloger ne devait pas convenir longtemps à cette nature ardente au progrès, et l'essor que prit au commencement de ce siècle l'industrie de sa ville natale, indiqua à M. Schupp un nouvel aliment d'activité. C'était en 1806, que, presque le premier en Alsace, il se mit à fabriquer les navettes d'après les modèles d'Angleterre et de Paris : Dieu sait s'il en a fabriqué, depuis lors ! Maintenant encore il en confectionne, et son habileté dans cette branche est connue de tous les tisseurs des environs.

Le 16 Juin 1806, il épousa Anna Engel(*). Disons en passant, que sa femme était la petite-nièce des trois jumeaux Engel, dont parlent les chroniques de Math.

(*) Voir plus loin la poésie de son ami M. Steinbach.

Mieg ([1]) et du pasteur Graf ([2]). De cette union naquirent huit enfants dont quatre vivent encore. Cinq d'entre eux se sont mariés, et aujourd'hui la descendance jusqu'à la quatrième génération compte soixante-dix-neuf membres, plus dix-neuf membres entrés dans la famille par le mariage. N'est-ce pas que le papa Schupp a bien mérité de sa patrie ?

On trouvera dans le présent opuscule un tableau de ces quatre générations, qu'il nous a paru intéressant de dresser, et dont les survivants, une soixantaine environ, assistaient au banquet séculaire, sur les quatre-vingt-quatorze convives qui étaient accourus de toutes parts fêter leur vieil ami et parent.

Les articles de journaux qu'on trouvera dans cette brochure [3]), nous diront ce qu'a été cette réunion si cordiale et si gaie. Le papa Schupp a tenu tête à tout le monde et ne s'est retiré qu'à une heure avancée de la

---

[1]) Vol. II, p. 61.

[2]) Vol. IV, p. 191. Le « Bürgerbuch » de N. Ehrsam mentionne également ce fait extraordinaire, p. 102.

Chose curieuse, aucun des trois auteurs n'est d'accord pour ce qui concerne la date de la naissance des trois jumeaux. Math. Mieg indique le 26 Octobre 1734, N. Ehrsam le 27 et le pasteur Graf le 28 du même mois. La relation la plus longue se trouve dans Graf. Il dit à ce propos que la femme d'un habitant (Schirmsverwandter) Jacques Engel (Mieg et Ehrsam l'appellent Jean) eut 3 jumeaux le 28 Octobre 1734, qui furent baptisés le lendemain, vendredi, et qui reçurent les prénoms de : Abraham, Isaac et Jacob. A cette occasion, les autorités de la ville firent présent au père de 2 rézaux de blé, de 2 mesures de vin, et l'autorisèrent à chercher gratuitement le lait pour les enfants, pendant trois mois, à l'hôpital. Beaucoup d'autres personnes lui firent aussi des présents. Le plus jeune des trois jumeaux mourut au bout de quelques semaines.

[3]) En dehors des articles de journaux que nous donnons, d'autres feuilles alsaciennes, telles que le *Mulhouse-Journal*, la *Neue Mulhauser Zeitung*, l'*Elsass*, de Strasbourg, etc., ont consacré quelques mots au centenaire ou ont reproduit les extraits que nous publions.

nuit. Il a même voulu chanter une chanson à boire du bon vieux temps, et, la bouteille à la main, il a entonné d'une voix encore sûre :

Im Kreise froher kluger Zecher
Wird jeder Wein zum Gœttertrank ;
Denn ohne Liebe, ohne Becher,
Bleibt man ein Narr sein Leben lang,
Und alle Kehlen stimmen ein :
Es lebe hoch Gesang und Wein !

C'est que le vaillant vieillard apprécie encore toujours les bons vins de son pays. Il ne manque jamais, depuis bien longtemps, lorsqu'il revient d'une promenade hors ville, de s'arrêter au retour chez l'ami Fähnlein, à l'hôtel des Drapeaux, pour y prendre son *Schäppelà* et pour causer avec les *Ramsbrüder* du temps jadis. Ils ne sont plus guère nombreux ceux qui peuvent ainsi évoquer les images douloureuses et riantes du passé.

La guerre funeste de 1870 devait laisser dans la mémoire de notre doyen un triste souvenir de plus. Il avait quatre-vingt-neuf ans, et l'hiver si rigoureux d'alors le cloua sur son lit, atteint d'une fluxion de poitrine. Le médecin désespéra de le sauver, et la famille en larmes crut que c'était le commencement de la fin. Mais le robuste vieillard ne fut pas de cet avis, et sa constitution, vigoureusement trempée, ainsi que les soins assidus de sa fille, Mademoiselle Emma Schupp, qui s'est donnée pour mission de ne jamais quitter son père et de lui rendre sa vieillesse douce et agréable, opérèrent un miracle. Il en réchappa pour poursuivre sa longue carrière et sa vie exemplaire de travail et de probité.

Les articles de journaux et les poésies que nous reproduisons plus loin et qui sont dus à la plume de ses amis et concitoyens, nous montrent assez combien cet homme intègre et probe a su conquérir l'estime et l'amitié de tous. Tout cela respire un parfum, un goût du terroir que nos lecteurs savoureront avec plaisir, nous en sommes convaincus. Les amateurs de musique y trouveront aussi leur compte dans *la Valse du Centenaire* de M. Souplet, l'habile chef d'orchestre du Casino d'Été de notre ville, qu'il a bien voulu composer spécialement pour enrichir notre publication.

L'idée de réunir ces productions en brochure appartient à l'honorable président du comité d'administration du Musée historique de la ville de Mulhouse, et c'est sur ses conseils que nous avons entrepris cette publication que la famille Schupp veut faire profiter aux pauvres. Ce sera l'écho bienfaisant de la touchante fête séculaire de leur aïeul.

ERNEST MEININGER.

Mulhouse, 20 Février 1881.

# NOMENCLATURE DE LA DESCENDANCE DIRECTE

DE

# JEAN-GEORGES SCHUPP

OBSERVATIONS. — Les dates indiquées sont les années de naissance. Les noms marqués d'une croix † se rapportent aux membres décédés. Les noms en *italique* et portant un N° *bis*, sont ceux des personnes entrées dans la famille par le mariage avec celles qui portent le N° précédent.

## JEAN-GEORGES SCHUPP

Né le 4 février 1781

*a épousé le 6 Juin 1806*

## ANNA ENGEL

*Née le 26 Janvier 1783, morte le 13 Novembre 1842*

| | | |
|---|---|---|
| 1 | Charles Schupp | 1807 |
| 1 bis | *Marguerite-Catherine Mergel* | 1819† |
| 2 | Caroline Schupp | 1808 |
| 2 bis | *Jacques Arlenspach* | 1802† |
| 3 | Anna Schupp | 1809† |
| 3 bis | *Jean Gœtz* | 1801 |
| 4 | Madeleine Schupp | 1811† |
| 5 | Jean-Georges Schupp | 1812 |
| 5 bis | *Caroline Beiser* | 1819 |
| 6 | Jacques Schupp | 1814† |
| 6 bis | *Rosine Waller* | 1816 |
| 7 | Jean Schupp | 1815† |
| 8 | Emma Schupp | 1826 |

| | | |
|---|---|---|
| 9 | EUGÉNIE SCHUPP | 1841 |
| 9bis | *F. Guillaume Hetzel* | 1833 |
| 10 | EMMA SCHUPP | 1843 |
| 11 | JACQUES ARLENSPACH | 1828† |
| 11bis | *Antoinette Ponsot* | 1822 |
| 12 | CAROLINE ARLENSPACH (*) | 1833 |
| 12bis | *Charles Rehm* | 1832† |
| 12ter | (N° 35) *Louis-Emile Schupp* | 1839 |
| 13 | CLOTILDE ARLENSPACH | 1835 |
| 14 | EMMA ARLENSPACH (**) | 1838† |
| 15 | NATHALIE ARLENSPACH (**) | 1838† |
| 16 | EMMA GŒTZ | 1830 |
| 16bis | *Jacques Mœckel* | 1822 |
| 17 | CAROLINE GŒTZ | 1832† |
| 18 | ELMIRE GŒTZ | 1834† |
| 19 | JEAN GŒTZ | 1835† |
| 20 | FLORINE GŒTZ | 1836† |
| 21 | OCTAVIE GŒTZ | 1837 |
| 21bis | *Fritz Winter* | 1830 |
| 22 | ALFRED GŒTZ | 1838† |
| 23 | ELMIRE-AMÉLIE GŒTZ | 1840 |
| 23bis | *Gaspard Bœr* | 1835 |
| 24 | ALINE GŒTZ | 1841 |
| 24bis | *Paul Hagen* | 1827 |
| 25 | JEAN-ARMAND GŒTZ | 1843 |
| 25bis | *Catherine Abt* | 1845 |
| 26 | MATHILDE GŒTZ | 1844 |
| 26bis | *Emile-Renaud Jaquel* | 1836 |
| 27 | LÉONIE GŒTZ | 1845 |
| 27bis | *Albert Durot* | 1839 |

(*) a épousé en premières noces M. Charles Rehm, et en secondes noces M. Louis-Emile Schupp, figurant au N° 35.

(**) Nos 14 et 15 sont deux sœurs jumelles.

28 Anna-Adèle Gœtz........................ 1846†
29 Marie Gœtz............................ 1849
29bis *Samuel Steyrer*........................ 1841†
30 Georges-Ernest Gœtz.................. 1850
30bis *Marie Dupont* ......................... 1857
31 Georges Schupp ....................... 1842†
32 Caroline Schupp (***) .................. 1846
32bis (N° 34) *Jacques Schupp*................. 1838
33 Laure Schupp .......................... 1837
33bis *Quapil* .................................. 1800†
34 Jacques Schupp......................... 1838
34bis (N° 32) *Caroline Schupp* ............... 1846
35 Louis-Emile Schupp .................... 1839
35bis (N° 12) *Veuve Rehm (Caroline Arlenspach)* 1833
36 Alfred Schupp ........................ 1841†

37 Maurice Hetzel ....................... 1864†
38 Alice Hetzel .......................... 1867
39 Charles Hetzel ........................ 1869
40 Mathilde Hetzel........................ 1874
41 Marie-Camille Arlenspach............. 1849
41bis *Eugène Wild*.............................. 1849
42 Caroline Arlenspach .................. 1859†
43 Marie-Antoinette Arlenspach .......... 1860
44 Anna Arlenspach ...................... 1861
45 Laure Arlenspach ..................... 1863†
46 Jacques Rehm........................... 1864
47 Clotilde Rehm ........................ 1865
48 Georges Rehm .......................... 1869
49 Alfred Mieckel ........................ 1871
50 Paul Winter ........................... 1866

(***) a épousé M. Jacques Schupp, figurant au N° 34.

51 Fritz Winter .......................... 1868
52 Armand Winter .......................... 1869
53 Georges Winter .......................... 1870
54 Ernest Winter .......................... 1871
55 Charles Winter .......................... 1875†
56 Jules Baer .......................... 1866
57 Anna Baer .......................... 1868
58 Sophie Baer .......................... 1869†
59 Louise Baer .......................... 1871
60 Adolphe Baer .......................... 1873
61 Hélène Baer .......................... 1878
62 Paul-Jean Hagen .......................... 1875†
63 Aline-Mathilde Hagen .......................... 1867†
64 Jean-Armand Gœtz .......................... 1879†
65 Emile-Armand Jaquel .......................... 1872
66 Anna-Emilie Jaquel .......................... 1875†
67 Emilie-Mathilde Jaquel .......................... 1877
68 Léonie Durot .......................... 1870
69 Albert Durot .......................... 1871
70 Anna-Elisabeth Durot .......................... 1873†
71 Paul-Ernest Gœtz .......................... 1877
72 Marguerite-Aline Gœtz .......................... 1878
73 Marguerite Schupp .......................... 1867
74 Henri Schupp .......................... 1869†
75 Rosine Schupp .......................... 1872
76 Emile Schupp .......................... 1873†
77 Caroline Schupp .......................... 1875†

78 Lucy Wild .......................... 1876
79 Robert Wild .......................... 1879

# ARTICLES DE JOURNAUX

## PUBLIÉS A L'OCCASION DE LA FÊTE DU CENTENAIRE

---

Aujourd'hui, 4 février, M. Schupp, le doyen de notre ville, célèbre sa centième année par un banquet où il réunit quatre générations à l'Hôtel-Central. Les parents sont arrivés de Paris, de Lyon, de toutes parts enfin pour boire à la santé de l'alerte vieillard, qui supporte si allègrement le poids de son siècle. L'*Express* adresse ses cordiales et sincères félicitations à M. Schupp et lui souhaite encore nombre d'hivers à passer parmi nous.

Une petite anecdote toute typique. Le tailleur s'étant présenté ces jours derniers chez M. Schupp pour lui prendre mesure d'un vêtement. « Surtout, recommanda le centenaire, n'allez pas m'habiller en vieillard ! Faites moi quelque chose à la mode nouvelle et *que ce soit solide.* » Voilà qui est d'un bon augure !

(*Express* de Mulhouse, du 5 février 1881)

---

Nous sommes un peu en retard pour parler de la touchante fête qui, vendredi dernier, par un soleil radieux, avait réuni 96 membres d'une même famille autour de leur chef, le doyen de notre ville, le vénérable Schupp, qui accomplissait ce jour-là son siècle révolu. Mais nous savions qu'avec l'aimable et vert centenaire point n'était besoin de nous presser et qu'en remettant, à dix ans ce compte-rendu, il l'aurait probablement pu lire encore.

La fête a eu lieu dans la grande salle de l'Hôtel-Central, devant la porte intérieure duquel un arc-de-triomphe, portant ces dates

« *1781-1881* », avait été élevé par les soins d'un ami du héros de la fête.

A 4 ½ heures, les parents venus de France et d'Alsace sont allés chercher leur premier ascendant, qui a été amené dans une voiture contenant, outre le centenaire, sa fille, un petit-fils, un arrière petit-fils et une arrière petite-petite-fille. Cinq générations étaient donc réunies. Au début du repas, le dernier-né de la famille, un baby de 18 mois, remit à son bisaïeul un écrin contenant une magnifique coupe de vermeil offerte par des parents de Paris. Une tabatière offerte également par des parents habitant la même ville, fut remise au vénérable vieillard, ainsi qu'une quantité de bouquets venus de Nice, de Lyon, de Paris, etc., etc. Des dépêches en grand nombre sont arrivées pendant le repas, fort bien servi par M. Walter, et qui fut terminé par différentes poésies en langue française ou en dialecte mulhousien, dédiées au héros de la fête par des parents ou des amis.

Enfin, au dessert, le papa Schupp se leva, et, verre en main, bouteille à l'autre, il entonna d'une voix forte encore une vieille chanson du pays. Puis, après le chant, la danse ; et l'infatigable centenaire, le jarret solide et l'œil éveillé, dansa la première valse avec beaucoup d'entrain et de régularité.

La fête a été toute cordiale, très gaie, et a conservé jusqu'au bout son caractère intime et familial.

Deux jours après, c'est-à-dire le dimanche, le vénérable doyen de Mulhouse a assisté au baptême d'un arrière-petit-fils et, tout alerte, il déclarait que ses jambes étaient assez reposées déjà pour recommencer à valser. Telle a été cette fête anniversaire si rare et si touchante. Une fois encore nous adresserons nos félicitations et nos souhaits à M. Schupp en espérant, l'année prochaine et beaucoup d'autres encore, consacrer ici quelques lignes à son anniversaire.

(*Express* de Mulhouse, du 10 février 1881.)

## UN CENTENAIRE

On nous écrit de Mulhouse, et nous en remercions notre correspondant :

Jean-Georges Schupp est né à Mulhouse, le 4 février 1781. Il a assisté à la grande tourmente révolutionnaire qui a agité l'Europe, et il s'en souvient.

Schupp est fabricant de navettes, et malgré son grand âge, il continue d'exercer sa profession. Le 4 février prochain, c'est-à-dire demain, il aura cent ans, un siècle ! Cet anniversaire sera fêté par un banquet donné en son honneur à l'Hôtel-Central, auquel assisteront tous les membres de sa famille, et le père Schupp en sera, et il ne sera pas le moins gai.

Schupp, qui n'a rien des ruines que laissent d'ordinaire derrière elles cent années, jouit encore d'une excellente santé. Chaque jour, comme Bonhomme de la chanson de Nadaud, il va faire son tour de promenade qui ne dure pas moins de deux ou trois heures. Il ne se repose qu'en revenant, à l'hôtel des Drapeaux, où il entre savourer quelques verres de notre bon petit vin blanc d'Alsace, histoire de rire un peu, et de faire une excursion à travers les souvenirs en compagnie de quelques bons vieux amis dont il est le plus haut gradé en âge.

Le papa Schupp n'a pas été égoïste : il a voulu doter l'humanité de bonnes gens de sa race, il a eu quatre fils et quatre filles.

Mais attendez. La famille du papa Schupp, c'est presque l'arche de Noé : ses huit enfants en ont eu trente, dont dix-sept sont vivants. Ce n'est pas tout, ces dix-sept enfants en ont eu quarante, et le papa Schupp en est le joyeux trisaïeul.

Il se plaît, dans ses moments de bonne humeur, à appeler *gamins* ses propres enfants, dont l'un a déjà atteint l'âge de soixante-quatorze ans.

Une anecdote :

Récemment arrive un brave paysan chez l'aîné des fils, Ch. Schupp. Il apporte une navette à arranger.

— Vous vous trompez, c'est chez mon père ; moi je suis mécanicien en retraite et je ne m'occupe pas de ce genre de travail.

Le paysan, tout ahuri, le toise du regard et fièrement lui répond :

— C'est chez votre fils que vous voulez dire !

Le papa Schupp, qui a le mot pour rire, prétend que le bon Dieu est trop vieux pour bien tenir ses livres : Il m'a oublié, dit-il.

Mais le bruit court à Mulhouse que le papa Schupp possède un certain élixir de longue vie dont il fait usage ; je peux vous en envoyer la recette pour les lecteurs de l'*Electeur républicain*, si vous le voulez bien.

EMILE MERGEL.

Nous remercions notre correspondant de l'offre précieux qu'il nous fait. Nous attendons la recette de cet élixir pour la donner en prime à nos lecteurs.

(*L'Electeur républicain* de Paris, du 4 février 1881.)

---

## UN JOYEUX CENTENAIRE

### SUIVI D'UNE PRIME A NOS ABONNÉS

Nous avons dit, il y a quelques jours, qu'on devait célébrer à Mulhouse le centième anniversaire d'un homme bien trempé, estimé et aimé de tous : le papa Schupp. Voici à ce sujet ce que nous écrit notre correspondant :

Mulhouse, le 5 février 1881.

Comme je vous l'avais annoncé, le centenaire de J.-G. Schupp a eu lieu hier à l'Hôtel-Central.

Il y avait foule, foule d'amis jeunes et vieux, tous gais et dispos ; et l'on va jusqu'à dire que le papa Schupp ne fut ni le moins jeune ni le moins gai.

On s'est réuni à cinq heures de l'après-midi et le héros de la fête n'a quitté la salle qu'à 3 heures du matin, ce qui ne l'empêcha pas d'être debout à huit heures, alerte et bien portant.

Comme vous le pensez, nous avons passé en revue les grands jours de la Révolution : le papa Schupp en a tant vu ! C'était un siècle d'histoire, et d'histoire grande et sublime que nous célébrions dans la personne du citoyen Schupp, qui était assez grand garçon déjà pour porter un fusil et déchirer une cartouche lors de la prise de la Bastille.

Aussi devinez-vous les beaux toasts que nous avons portés, et comme on a bu à toutes ces dates immortelles dont le souvenir semblait illuminer le front de notre centenaire, qui cachait parfois dans un sourire les larmes qui lui venaient aux yeux.

Le repas a été suivi d'un bal. Papa Schupp, qui n'a rien oublié, pas même la galanterie, a pris une jeune fille de dix-sept ans par la taille et s'est envolé avec elle dans les tourbillons d'une valse. Après quoi, il l'a reconduite à sa place avec l'élégance du plus parfait cavalier.

Ah ! nous disait le papa Schupp, rendons-nous heureux, le bonheur rajeunit. Voyez comme je suis jeune aujourd'hui et cependant mon cœur bat depuis un siècle !

Au dessert, il s'est levé, et comme les jeunes, il a chanté quelques-uns de nos plus joyeux refrains, tout en caressant les fleurs que des jeunes filles lui avaient mises à la boutonnière.

Comme le papa Schupp, ainsi que nous l'avons dit, courtise avec un soin assidu notre bon petit vin d'Alsace et que cela ne l'empêche pas de prendre sa prise de temps en temps, il lui a été offert une coupe et une tabatière en argent.

Je renonce à vous dire la joie que lui ont causée ces deux présents.

Voici maintenant la recette de l'élixir que vous avez promis de donner en prime à vos abonnés. Je suis heureux de vous fournir l'occasion d'être agréable à vos lecteurs.

Cette recette a été trouvée, après sa mort, dans les papiers du célèbre docteur Harirt, qui a succombé à l'âge de 103 ans à la suite d'une malheureuse chute de cheval.

Le secret de cette recette est resté longtemps dans la famille sans que la moindre parcelle en ait transpiré (les égoïstes), le grand-père du docteur avait atteint l'âge de 136 ans, son père 113 et sa mère 107 ans, en faisant journellement usage de cet élixir et en prenant matin et soir sept, huit, neuf gouttes dans une double portion de bouillon ou de bon vin.

En voici la composition :

1 once d'aloës succoté.
1 — Zedoaire zerumbeth.
1 — Agaric blanc.
1 — Gentiane.
1 — Safrant du Levant.
1 — Rhubarbe fine.
1 — Thériaque de Venise.

Réduisez ces six premières plantes en poudre, ajoutez la thériaque et mettez le tout dans une épaisse bouteille en l'emplissant de bonne eau-de-vie, bouchez la bouteille avec un fort papier en y pratiquant de petits trous au moyen d'une épingle pour empêcher la bouteille d'éclater par la fermentation et exposez-la pendant neuf jours à l'ombre ; le dixième jour, enlevez doucement l'eau-de-vie pour avoir la liqueur bien claire, recommencez la même opération, pour laquelle les mêmes plantes peuvent servir ; les deux liqueurs seront versées dans une autre bouteille, que vous aurez soin de boucher bien hermétiquement.

En faisant usage de ce remède, l'on vit très vieux sans avoir recours à d'autres médicaments ; cet élixir excite l'appétit, vous fortifie : le sang reçoit son fonctionnement régulier, il calme les nerfs et est un adversaire puissant contre les rhumatismes et la goutte, agit sur la digestion et fait disparaître au bout de quelques minutes toute espèce d'indispositions.

Cet élixir est aussi un remède efficace pour les personnes qui ont perdu l'ouïe ; il suffit d'imbiber de cette liqueur dans un petit peu de coton qu'on introduit délicatement dans l'oreille ou dans la dent creuse si l'on est affligé de ce mal d'amour ; c'est en général un contre-poison, un remède salutaire pour les dames qui tiennent à conserver mensuellement et naturellement toujours leur frais visage ; cela purge aussi sans douleur.

En en faisant usage trois fois, il guérit les fièvres intermittentes.

Voici le mode d'emploi :

Pour les maux de cœur, avalez de cette liqueur une cuillerée à soupe, mais pure ; deux cuillerées pour une indigestion avec quatre cuillerées de thé ; pour les coliques, trois cuillerées ; deux cuillerées dans quatre cuillerées d'eau-de-vie pour les vers ; pour les dames indisposées, une cuillerée pendant trois jours dans trois cuillerées de vin rouge.

Il est urgent d'aller le matin à jeun faire une promenade d'une demi-heure.

Je vous affirme que si vos lecteurs veulent suivre ce régime ils pourront, à moins d'accidents, vivre aussi longtemps que le papa Schupp.

Recevez mes salutations fraternelles.

Emile Mergel.

Grâce à notre correspondant et au papa Schupp, qui a bien voulu livrer sa précieuse recette, nous sommes heureux de pouvoir donner à nos lecteurs cette prime exceptionnelle, sans précédent dans les annales du journalisme.

(L'*Electeur républicain* de Paris, du 11 février 1881.)

# ACTES ADMINISTRATIFS

## INSTITUT DES PAUVRES

Le Comité a reçu et enregistré avec un vif sentiment de reconnaissance le versement d'une somme de 159 francs 20 cent., formant le produit d'une collecte faite au profit des pauvres, au banquet de famille qui a eu lieu le 4 février, à l'occasion de la célébration du centenaire de M. Georges Schupp.

Mulhouse, le 5 février 1881.

Le Comité.

(*Express* de Mulhouse, du 8 février 1881.)

# POÉSIES

## Am Tage der Verbindung

meines besten Freundes GEORG SCHUPP

*mit seiner Geliebten*

Jungfer ANNA ENGEL

den 16. Brachmonat 1806.

So fandst du sie, die treuer Liebe Freuden
Mit dir nun theilt — und zärtlich sorgt und wacht.
An ihrer Hand muss sanft das Leben gleiten
Dem Jünglinge, dem sie entgegen lacht.

Es schwanden dir die Tage — ungenossen ;
Nur *Freundschaft* hellte dir den düstern Blik.
Oft sassen wir — und fühlten ; sanfter flossen
Die Abende, berauscht vom ihrem Glük.

Sie gieng daher — in zarter Jugendfülle,
Und feurig hieng die Seele schon an ihr.
Sie liebte dich — ihr wechseltet Gefühle —
Und reizender ward nun das Leben dir !

Und süsser bebt nun jede Nerve wieder ;
Das Blut wallt leicht durch jede Ader hin.
Das Herz fühlt edler, wärmer — süsse Lieder
Enthüllen schon den innern Liebessinn !

Nur keuscher Liebe schuf zum Paradiese
Die Gottheit dieses Lebens schönstes Band.
Zur Kette wird es dem, der nie das Süsse
Der treuen, wahren Liebe je empfand !

Euch blüht dies Glük ! So schlingt die Rosenkette
Der Ehe dreist um euern Nacken euch !
Ihr liebt euch treu — ihr liebt euch um die Wette —
Dann seid ihr stets an Ehefreuden reich !

Und krönt der Himmel eure treue Liebe —
Lacht freundlich euch ein neues Wesen an —
O dann erwachen nie gekannte Triebe,
Und Seel' an Seele schliesst sich fester an !

So wallt dahin auf leichten Blumenwegen,
Wo fern am Ziel ein schön'res Eden lacht ;
*Hat stille Tugend hier je einen Segen,*
*So sei er euch, ihr Edeln ! zugedacht.*

*Euer unveränderlicher Freund,*

M. STEINBACH, Buchdruker.

## *Vers trouvés dans un bouquet* (*)

Cent ans sont accomplis ; quelle belle vieillesse !
Aussi de tous côtés, éclate l'allégresse.
On vient de toutes parts, les amis, les enfants,
Les neveux, les cousins, et les petits-enfants.
Chacun veut à l'envi fêter l'anniversaire
Touchant d'une existence aujourd'hui séculaire.
Il est là notre ami, plein d'entrain, de santé,
Heureux, joyeux, comptant une postérité
Qui goûte avec bonheur la pure jouissance
De ce jour qu'embellit notre reconnaissance.
Combien il nous est doux de pouvoir en ce jour
Venir mettre à vos pieds, les vœux de notre amour ;
Afin qu'encor souvent nous puissions revenir
Fêter de ce beau jour le touchant souvenir !

C.-S.

---

## A Monsieur GEORGES SCHUPP

*Souvenir de son centenaire célébré a Mulhouse, le 4 Février 1881*

Vénérable vieillard, que cet anniversaire
Serve à marquer l'étape où tu fus centenaire,
Et d'où tu repartis vaillant et plein d'espoir,
Traçant avec gaîté le sentier du devoir.
Digne représentant de notre vieux Mulhouse,
Tous nos vœux sont pour toi ! que la Parque jalouse
T'oublie encor longtemps, que sa cruelle main
Ecarte sous tes pas les ronces du chemin ;
L'amour de tes enfants y sèmera les roses.

(*) Ces poésies sont classées par ordre alphabétique de noms d'auteurs.

Tout cet essaim joyeux, bouches à peine écloses,
Par ses tendres baisers saura te rajeunir,
Ne te laissant des ans qu'un pieux souvenir.
Grand Dieu ! quels souvenirs ! au sortir de l'enfance
Tu vois Quatre-vingt-neuf, la lutte, l'espérance,
La victoire du peuple et la chute des rois ;
Au lieu du bon plaisir du monarque : des lois !
Le noir dix-huit Brumaire à cette œuvre sublime,
En créant un tyran, substitua le crime ;
Rien ne put effacer cette tache de sang
Qui s'attache au César jusqu'au suprême rang.
Ta jeunesse vit naître et crouler cet empire,
Dans sa chute entraînant tout un peuple en délire.
Lorsque sonna pour toi l'âge de l'homme mûr,
Le soleil de Juillet dans un rayon d'azur
Te montra de nouveau le drapeau tricolore
Flottant joyeux au vent ; cette brillante aurore
Disparut tristement avec la Liberté,
On rêva République, on eut la Royauté.
C'est dix-huit ans plus tard, dans ta verte vieillesse,
Que la seconde fois, par ses chants d'allégresse,
Le peuple t'annonça qu'il était triomphant,
Mais l'autre Bonaparte était là le guettant !
Et tu vis cette honte et cette parodie
D'un second Empereur ! l'oncle, sans le génie.
Tu connais son histoire, ô vieillard, je ne veux
Retracer nos malheurs, troubler des cœurs heureux,
Car parler de la France, ici, dans cette fête
N'est-ce pas évoquer l'horrible mot : Conquête ?
Je préfère ta gloire, elle ne sème pas,
Comme les conquérants, les larmes sous ses pas.
Tu peux avec orgueil donner en héritage
Sans titres ni blason, le plus bel apanage

Que l'homme ait pu léguer à la postérité :
*Un siècle de travail : Cent ans de probité !*

*Un parent.*
A. D.

---

## A Monsieur GEORGES SCHUPP

*à l'occasion de son centenaire*

1781-1881

Cent ans !... Quand ta pensée à ces temps se reporte
Où pour toi l'avenir joyeux ouvrait sa porte,
Tu dois entendre au loin se mêler à tes jeux
Un formidable bruit : la Bastille croulante !
Tu vois monter au ciel l'aurore éblouissante
De Quatre-vingt-neuf radieux.

Tu vois la Liberté brisant toutes les chaînes,
Et les peuples chassant, avec leurs rois, leurs haines.
— Toi seule alors régnas, sainte Fraternité. —
Alors Mulhouse put, vieille ville helvétique,
Se fondre avec sa sœur, la grande République,
Sans abdiquer sa liberté.

Et puis la guerre, et puis l'Europe sous les armes,
Victoire sur victoire,... et les mères en larmes,
Et la France foulée au talon d'un soldat ;
Puis les revers, hélas ! et la suprême lutte !...
...Mais vous fûtes heureux, même au sein de la chute :
La patrie au moins vous resta !

Les ans fuient... le travail qui crée et qui féconde
Mieux qu'un sabre brutal a transformé le monde ;
Tout s'agite et s'émeut et s'étend et s'accroit.
A bas ! créneaux, pignons ! tombez tours et muraille !
Mulhouse fait autour de son sein qui tressaille
Craquer son rempart trop étroit !

Ah ! les doux souvenirs !... la famille se fonde :
Père, ne vois-tu pas la tête rose et blonde
De ton premier enfant qui grimpe à tes genoux ?
Nul effort ne rebute, aucun travail ne lasse ;
Et nulle ride au front, nul souci que n'efface
Son sourire naïf et doux.

Et la famille augmente, et ta race prospère,
Et ton fils a des fils, et ton fils est grand-père,
O vieillard, que l'effort du temps ne peut dompter !
Comme un rocher battu d'où la vague découle,
Tu vois autour de toi l'intarissable houle
Des générations monter.

Et maintenant voici que le siècle s'achève
Et je te vois toujours debout et plein de sève,
Et mon front jeune encor s'incline à ton aspect.
Que puis-je souhaiter à celui que couronne
De ses feux les plus purs l'auréole que donne
La vertu, l'âge et le respect ?

TH. G.

## Züem hundertjährige Geburtstag

### vom Herr JEAN GEORGES SCHUPP

*4 Février 1881*

Ne selte Fest thüet, an dem Tisch,
Uns alle hit erfreie,
Ne Greis wo hundert Johr alt isch
Hä mir in unsre Reihe !

Ne ganz Johrhundert thüet er hit
Uf sine Schult're trage,
Un noch sin munter sine Schritt,
Er hat kei Preste z'klage.

Er laüft dervo, noch, ganz allei,
Geht g'michtlig noch spaziere,
Dr ganze Balm thien sine Bei
Noch tapfer üsmarschiere !

Noch immer thüet er, gsund un froh,
Si Tagwerk jetz vollbringe,
Mit freiem Geist red' er noch, do,
Mit uns vo alle Dinge.

Un thüet sich freie, so, im Kreis
Vo sine Urgrosskinder,
Wo alle thien, im alte Greis
Erheitre s'Lewens Winter.

Gar Wenig bsitze, so wie er,
Das Alter voller Ehre ;
Dr Lewenskampf dä isch halt schwär,
S'thüet's jeder Tag eim lehre !

Scho hundert Johr kàmpft er ne mit
Un isch drin Sieger bliwe.
Scho hundert Johr !... was steht hit nitt
In sim Gedàchtniss g'schriwe !

Vor ebb dr Freiheit Morgeroth
Isch iwer d'Welt ku stige
Hat er scho glebt, un jetz noch spot
Isch er dervo ne Zige.

E Newelschleier längst umschwebt
Die Zit wo er gebore,
Was hat er Alles nitt erlebt
In dàne lange Johre !

Ne mànke stolze, eitle Macht
Hat er, do, g'sàh ufrichte
Wo jetz, verschwunde in dr Nacht,
Nur lebt noch in dr Gschichte !

Hat Mensche gsàh sich strite, do,
Wo längst jetz in dàr Erde,
Wo sie drum kàmpft hànn als e so,
Züe Staüb un Asche werde !

Ne mànke Freid hat viellicht wohl
Ihm frindlig, als, züe g'wunke,
Doch isch ihm viellicht gar màngmol
Dr Müeth o nieder g'sunke ?

Denn s'Lewensgsetz isch Weh un Leid
S'ka Jed's dervo verzehle !
Fir eimol wo's eim bringt e Freid
Thüet's hundert mol eim qwele !

Doch, dur das, wird er desto mehr
Nur noch vo uns bewundert ;

Ne so ne Lewensbahn bringt Ehr,
Wo zehlt e ganz Johrhundert.

Un hit thüet er mit frischem Müeth
E-n-anders jetz afange ;
Mr hoffe-n-as er glicklig thüet
Viel Johre noch erlange !

Gwiss, alle Wàwer, vo wit her,
Thien ihm dà Wunsch o schicke,
Wer wott ene, wenn er nitt wàr,
Denn ihre Schiffle flicke ?

Un sine güete Frind wànn doch,
Das sin jetz klare Sache,
Mit ihm, wie sunscht, e màngmol noch
E Rams in's Fàhnle's mache.

Drum wà mr Alle jetz e mol
Lo unsre Gläser klinge.
Un fir si Gsundheit fir si Wohl,
Dr beste Wunsch ihm bringe.

A. LUSTIG.

## Im Herr JEAN-GEORGES SCHUPP

*fir si 100jährig Geburtsfest*

1781 — 4. Hornung — 1881

Hit wird in unser Vatterstadt
A Fest gfirt, wià's nur wenig hat,
Das ka mà hàrzaft sagà :
Der *Papa Schupp* isch hit uf s'Hoor,
Uf d'Wàlt ku hià vor hundert Johr,
Wo's z'Morgà Zwei hat g'schlagà.

s'isch gsi im Hüs wo Jeder kennt
Un sich *Züàm guldig Aepfel* nennt,
Bi'r Gàrwergassà untà ;
s' Stadtbàchlà laüft nitt wit dervo,
Därt häig, im fimpftà Johr, er scho
Der Tod schiàrgar drin gfundà.

Un siter, uf sim Làwàspfad,
Isch mànks em gschàh, er isch nitt grad
Vo Blüàmà gsi un Rosà ;
Vo sàllà Zità bis dohi
Isch àr vo mànks hià Zigà gsi,
Hat mànks gsàh un züàglosà.

Un dennoch isch si Kraft un Müàth
Nià gsunkà, un mit Hàrz un Blüàt
Hat àr si Pflicht uf Ardà
Erfillt, un hat si heitrer Sinn
Bewahrt, wo Andrà schwächer sin
Un willàlos scho wàrdà.

Un trutz sim hochà-n-Alter isch
Er allàwil noch jung un frisch,
As wàr er numà drissig;
s' Johrhundert wo-n-er uf si trait
Liegt ihm nitt a, er schafft grad z'Leid
Dà Jungà z'Wett noch flissig.

Un geht noch, wenn's em grad ifallt,
Spaziàrà in der Tannàwald
Un in der Ràbbàrg üsà;
Un wenn er zruck kunnt, kehrt er i
Bim *Fàhnlà,* nimmt si Schäpplà Wi;
Zwei thiàn em o nitt grüsà.

Fest steht er wià nà Baüm noch do,
Un trutzt im Sturm un Wàtter wo
All's um nà thüàt zerstérà,
Der Stamm isch kräftig noch, mà ka
D'Näst zehlà wo-n-er üs hat gschla
Un siter sich vermehrà.

Er stammt halt von'rà Rassà hàr
Wo hitigstags nim z'findà wàr,
Sà sin cumplett abgangà.
Per Dampf un Electricitét,
Fir ass es gschwinder, gschwinder geht,
Wird jetzà glàbt àfangà.

Drum ka mà züàm Exàmpel nàh
Der *Papa Schupp,* un von em gsàh
Wià s'Làwà isch z'erhaltà.
Er isch hià bliàbt, er isch der Frind
Vo allà Lit un s'kleinstà Kind
Kennt ihn, dà güàtà-n-Altà.

Un Allà winschà ass er doch
Züà sim Johrhundert, sammelt noch
Viel Johr un frohà Tagà,
Ass si Geburtsfest, frisch un gsund
Ihn jed's Mol atrifft, wenn's als kunnt,
Bis ihm si Stund thüàt schlagà !

Ernest MEININGER.

---

## *A Mademoiselle Emma Schupp.*

Chacun de nous s'empresse à couronner la fête,
Pour bénir ses beaux jours, dûs à vos soins constants...
Ah ! qu'il est doux d'avoir auprès de vous cent ans !
De la dernière fée avez-vous la baguette ?

Contemplez ce vieillard, son sourire vous guette
D'un contentement pur qui doit vous aviver ;
Lui vous donna le jour, vous les lui conservez ;
Sa vieillesse est votre œuvre et ce jour sa conquête.

Etes-vous le devoir, la joie et le plaisir,
Vous qui charmez sa vie, ici-bas sans désir,
Comme l'humble jouet, le chérubin qui pleure ?

Non, vous êtes du Ciel un bel ange égaré,
Au cœur rempli d'amour, au regard azuré,
Qui donne le bonheur à tous ceux qu'il effleure !

Albert MOCK.

Le 4 Février 1881.

# Herrn SCHUPP
## zu seinem 100. Geburtstag

*den 4. Februar 1881*

von seinen übriggebliebenen Ramsbrüdern freundlichst gewidmet.

*Anno 1874 brachten wir unserm geehrten Herrn SCHUPP folgenden Toast:*

« Ein dreifach herzlich Lebehoch !
« Dein, 94 jähriger Greise :
« Der mit uns trinkt und ramset noch
« In altgewohnter froher Weise.

« Den noch, als ob kaum 60 alt,
« Ein Regenwetter nicht geniret,
« Der trotzdem in den Tannenwald
« Mit rüst'gen Schritten noch spazieret.

« Gott schenk dem lieben Alten doch
« So hohes Glück noch viele Jahre ;
« Dann bringen wir ein neues Hoch
« Dem 100 jährigen Jubilare ! »

Das wünschten wir ihm vor 6 Jahr'
Und Gott erhörte unser Flehen ;
Da wir den 100 jähr'gen Jubilar
Noch heut in unsrer Mitte sehen.

Was aber wünschen wir Ihm heut ?
Noch 100 Jahr ? — wär unbescheiden,
Und dürfte diese lange Zeit
Dem Jubilare selbst verleiden ;

Doch, 20 Jahre mög' Ihm noch
Der liebe Gott in Gnade geben ;
Darauf bringt Ihm ein herzlich Hoch,
Dass Er **gesund** sie mög erleben !

D. SCHWARZ.

# TABLE DES MATIÈRES



4 Planches : Portrait. — Menu du banquet du 4 février 1881. Arbre généalogique de la descendance directe de J.-G. Schupp. Valse du centenaire, par M. J. Souplet.

BANQUET DE FAMILLE

offert

A NOTRE BIEN AIMÉ

PÈRE, GRANDPÈRE, BISAÏEUL ET TRISAÏEUL

Georges Schupp

à l'occasion de son

Centième Anniversaire

1781 4 FÉVRIER 1881.

MENU
HORS D'OEUVRES
POTAGE
Bisque d'écrevisses
quenelles à la Reine,
CROÛTES AUX CHAMPIGNONS,
RELEVÉS
FILETS DE SOLE À LA ORLY
TURBOT SAUCE AUX CÂPRES,
ENTRÉES
FILETS DE BOEUF À LA JARDINIÈRE
VOL AU VENT À LA FINANCIÈRE
GALANTINE
GEORGES.

RÔTS
DINDONS TRUFFÉS,
HARICOTS
Bouquet de Choux fleurs
SALADE
BUISSONS D'ECREVISSES,
ENTREMETS
Pudding à la Centenaire
DAME BLANCHE
PÂTISSERIE,
GÂTEAU NAPOLITAIN
DESSERTS.

Autog. Ed. Sengel

# ARBRE GÉNÉALOGIQUE

de la descendance directe de

## JEAN GEORGES SCHUPP

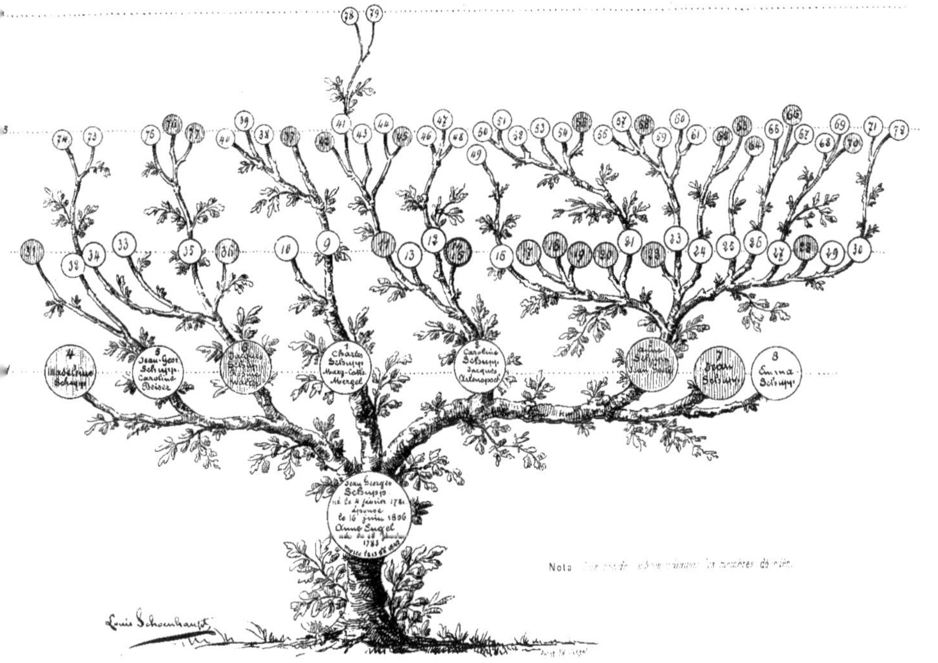

(Op. 59)
dédiée au Papa Schupp
VALSE du CENTENAIRE
par J. Souplet
chef d'Orchestre du Casino de Mulhouse
Piano
Lento
VALSE
cresc
Dim

f
I.
II.
Rit.
mf

Dim:
P
8va
I°
II°
Loco

Dolce.
fz
Dim:
P
Delicatezza
8va
I.
II.
Loc

Coda
ff
D.C.
8va
Piu vivo
Iº
loco
IIº
f
Presto
f
8va
ff
fin

www.ingramcontent.com/pod-product-compliance
Ingram Content Group UK Ltd.
Pitfield, Milton Keynes, MK11 3LW, UK
UKHW020445180726
13839UKWH00004B/1646